AF452091

Le Grand Troche

SORITE

par

Julien Torma

Après grand troche humain plus grand s'appreste,
Le grand moteur les siecles renouvelle :
Pluye, sang, laict, famine, fer & peste,
Au ciel veu feu, courant longue estincelle.

Michel NOSTRADAMUS
IIe Centurie, XLVIe quatrain.

EDITIONS ELAIA
23, Rue de la Sourdière
PARIS
1 9 2 5

Le Sorite

Combien Combien Combien de grains faut-il pour faire un
[tas ?

    Il en faut cinq — il en faut trois
    il en faut cinquante-trois
    ôtez-en trente — ôtez-en vingt
    il en reste deux — il en reste un.

Combien de gangs, de gags, de gogues pour faire un Etat ?
Combien faut-il de groins pour faire un Golgotha ?
Combien faut-il de crins (& d'écrins !) pour un matelas ?
& combien de chagrins pour y rêver le Grand Sabbat ?

    Il en faut cinq — il en faut trois
    il en faut cinquante-trois —
    ôtez-en trente — ôtez-en vingt
    il en reste deux — il en reste un.

Combien faut-il de tours pour tourner le Grand Tour
avant de revenir aux rations des quatre raisons
sur le manège des saisons ?

Combien faut-il d'années pour que tous mes damnés
aient fini d'engouffrer le vol-au-vent d'enfer
du sot rite de mes hiers ?

Combien faut-il de vers — de hameçons-poèmes
de ligne de fil blanc — pour que lecteur sans peur
tu ne ries pas de rire & ries de ne pas rire ?

Combien faut-il de jours pour faire la Grand'Nuit
Où le silence ne sera plus le suprême bruit
des bavards qui ont trop à dire ?

Combien faut-il de pas pour passer à trépas ?
Combien d'étrons faut-il pour l'odeur des lilas ?
Combien faut-il d'encens pour un assassinat ?
& combien de cerveaux pour faire un cervelas ?

      Il en faut cinq — il en faut trois
      il en faut cinquante-trois
      ôtez-en trente — ôtez-en vingt
      il en reste deux — il en reste un.

Combien faut-il de deux pour un duplicata ?
Combien faut-il de « moi » pour un Julien Torma ?
    Combien de clins pour faire un œil ?
    Combien de dieux pour faire un deuil ?
    & combien de combiens — pour mon orgueil ?

      Il en faut cinq — il en faut trois
      il en faut pour les cancrelas
      mettez en vente — parlez en vain
      il en reste deux — il en reste un.

      (Touchons du bois
      ce n'est pas moi.)

Le Marchand des Quatre Raisons

●

* LÉTHÉ D'ÉTÉ

Le chèvre-feuille chevrote sans bruit
dans les braises méridiennes
les mouches vertes volent
comme des voleurs de velours
trois scabieuses scabreuses
se cabrent sans bouger
sous le poids des zygènes
— Un viol d'atmosphère s'accomplit
dans le silence de midi.

Le soleil outrage la lenteur des jours
dans les moindres recoins de l'ombre
il enfonce son sexe incandescent.

La forêt se tait pendant qu'il tue
& livre aux flammes
en son univers-crématoire
le cadavre horriblement mutilé
de la lenteur des jours.

Des chardons n'osent encore
lancer leurs graines d'infortune
qui dégorgent sur la tige
en un flot obscène —
l'adage des sauges est violet
Si l'anse du ciel est rose.

Silence.
Quelle science cireuse parle
du recueillement de l'univers ?
Ils ne savent pas quels pavés
pavent l'enfer.

L'immobile secret
des couleurs de l'espoir
crève la majesté de la Nature.
Six lances s'élancent
dans le cœur universel
& libèrent des vapeurs absentes
où l'on soupçonne
le silencieux cri
du crime-monde.

ESTIVITÉS TRISTES

Un air de thrène éthère l'étrenne de cet été.
Les mamelles fades fondent en tétées
l'étole étiolée des prêles étouffe dans l'éternel étau
& sous les charmilles trônent d'étranges étrons.
Je pleure la mort du Futur Antérieur
qu'aura usé l'onanisme précoce.
Près de l'écurie des valeurs vont & viennent les valets.
Tristement les vaches ambulent sur les prés
historiques où elles travaillent pour la patrie
& les flics flanquent ces mammifères
pour qu'on ne les effraie pas au cri de : Mort aux vaches.
Mourir ? disaient des porcelets de porcelaine
très affairistes qui pelotaient leur épiploon.
Mais le soleil rouge-gorge est éthéromane
il bat la campagne d'une volée de bois vert.
Mon pruritanisme poétique a toujours été étonné
par l'éthylisme peu éthique de l'été
— s'en égayent en leur assemblée plénière
quelques Pornosophes, Scatolales & Coprologues attardés
qui contemplent à la devanture balnéaire
l'étal de l'été.
Cette Humanité myriapyge pigera-t-elle jamais
que le monde est un Grand Fessier
où bée l'abcès de l'absolu ?

FÊTE - DIEU

Le train sifflait des chansons d'avant-gare
& sur le tulle des toits s'alitait un ciel en bleu de travail
au repos dans les reposoirs la société des tandems
était repue de l'orphéon des orphelins.

L'Ornithologue des slips photographiques
poursuivit ses expertes expertises.

L'église & la foule femelles avides
possédées de Dieu
geignaient dans les orgies de l'orgue
& sur les murs de murmures
les fresques se passaient des frasques.

Dieu soupesa du doigt & de l'œil
son sexe en peau d'homme.

Pour téter les voix de tête
les gorges avaient besoin de soutien
ostensiblement l'hostie bandait dans l'ostensoir
& la merdaille mi-racoleuse se dandinait en marchant.

L'infini à la portée de toutes les bourses
se répandit en flots dansants.

Derrière les reposoirs se rengorgeaient les urinoirs
les bordels vendaient leur eau bénite toute fraîche
les poussins des capucins
se livraient à des lices contre-nature
& les fleurs offraient aux cierges des vagins nouveaux-nés

*« Faites Dieu » cria la Verge-Mère
aux accroupis de l'arrière-garde.*

SONNEZ FORT

Les trésors perdus sur la route en feu
les poignées de mains pleines de drames
les poignées d'univers aussi fidèles que la haine
les minutes aussi compactes que l'acier
le rayon de soleil du dimanche 30 juin à 17 h 10
toutes ces rencontres incroyables de choses incroyables
se ruent l'une vers l'autre
à travers le terrain vague du sommeil.
Sonnez fort.

LETTRE ANONYME

A tous les coins de rue
pendant ma promenade matinale
une jeune fille inconnue m'arrête
pour me dire — bonjour comment allez-vous ?

Il est huit heures du matin d'été.
Un seul oiseau troue, ce silence de ville exhumée.
Dans cet adorable paysage de fait-divers
de crime passionnel
de balles perdues dans les tentures
d'empreintes digitales un peu partout
seul un enfant nu-pieds affronte le guet-apens du jour

— Comment allez-vous
— Comment allez-vous
— Comment allez-vous

Acceptons les caresses des pensées trop entreprenantes.

LIQUIDATION

Dans une musette de bal douze balles pour Musset
& pour les latrines une lunette à musique romantique
une cuillère rouillée pour la crême fouettée
le grand pardon pour les pieds mouillés
& et le forceps pour le forçat.

Laissez passer — les écrevisses vont à la messe
laissez les morts ensevelir les alphabets
Je n'ai rien à vous donner
ni dragon braconnant — ni zèbre d'Erèbe
ni tétragone d'Aragon.

Dormir au lieu de faire un chef-d'œuvre
— *c'est encore trop poétique* —
Pisser dans le képi d'un général
— *c'est un mépris bien trop gracieux* —
Se foutre du Monde
— *c'est lui faire beaucoup trop d'honneur* —

Ce Monde de bretelles & de jupons
où la magna vaqua trouble l'espase
où le grand parc n'a plus que sa porte déchue
où le citron solaire exsude ses fades rafraîchissements
Ce Monde où l'on voudrait se perdre loin des routes
— *mais il n'y a même pas de routes.*

JEUX DE BOURSE

Voici finir l'été des trésor sûrs
les anges avariés spéculent sur la cote d'amour
les pêcheurs à la grenadine font faillite
les gardes-côtes veillent sur le sommeil d'Adam.

Chaussettes d'azur
débiles indélébiles
cauchemars à l'eau de rose
tendre tendance & marchés charmants.
Des taureaux zélés assurent
un taux meilleur au rendement érotique
en faisant des pommades sentimentales
— leurs actions sont en monte.

La Nice municipale dégrève l'anis
& grève la plage qui plagie
en ses astéries le prince des Asturies
& la princesse des Ursins.
Elle suppute les intérêts
atrocement décomposés
des copulations lunaires.

Fenaison des rhumes. L'Eternel éternue.
— Fasse la fée des fesses
que ces suppositoires à l'angélique
allègent les Idéalistes
de leurs crottes d'azur !

* AUTOMNATONE

Dans les champs éteints du docte octobre
le rire de l'aurore
étire son rêve d'heures —

un jour de plus pour les éteules
un jour de pluie pour les étoiles
quand les désirs s'assoupissent de violence
aux taux immobiles
des petits voyages & des chaumes en chômage
— quand les nuages nubiles dans les ciels trop légers
quand les souches & les sources dans les mousses
prolongent les Songes de l'Autre Octobre
jusqu'aux ronces rouges.

Hôte des hautes rages
il tonne ses ordres
au monde ébloui des étangs étranges & et des prés
                                            [anxieux
où les erreurs enfantes
rongent encore — loin des fruits mûrs —
les fleurs zeitlose & les amours pervers.

Dans l'air en faute
stoppe l'automobile
de l'automne immobile

& par les champs étonnés du sobre octobre
s'étoile
l'erreur de l'aurore.

●

ASTROBIOLOGIE

Ma péniche naviguait dans le canal de l'urèthre
quand le chien de l'éclusier dans le sillage
la rejoignit en tirant la langue.
Le marinier se souvenait des tireuses de cartes
assis sur le manche du gouvernail
& submergé par la forêt
que nous déracinions sur le chemin de halage.
Souvenez-vous des chaldéens —
employés des pompes funèbres !
ouvrez les yeux
entre les ardoises des urinoirs.

LES GRANDES COMPAGNIES

à René Crevel

A pas de loup-garou
voici les Grandes Compagnies
à travers les champs de betteraves
& l'effroi des passages à niveau
à travers les sous-bois sournois
& les torche-douleur pleins de gelée blanche.

A la fenêtre de Thomar
— Cordes & couronnes
Cœurs en bonbonnes ! —
à la fenêtre de Thomar caracolez au vent de mer
lanternes vénériennes !
Les étoiles sont dans la table de nuit
les poires vaginales mûrissent au verger mystique.

Fleuries d'un liseré de liseron
nuques rasées
les Grandes Compagnies
épient les pênes des cœurs.
Elles forcent les fesses d'amiante
quand les aminches s'amusent
avec les ventres de belladone
& les sexes de cytises.
La mécanique céleste de l'amour

piquetée de lourdes planètes
grince rouillée
sous les regards des frères-tueurs.

Dans leurs chroniques vénéneuses
la main sereine du Faussaire
écarte l'écarlate calicot de la Vérité
tendu dans notre Jardin des Plaintes.

Par les chemins de mâchefer
à l'ombre de leurs ombres
le cœur bloqué par les neiges
vaguent les Grandes Compagnies.
Elles se ruent au bordel de l'Esprit
dans leur odeur d'automne barbare.
Fenêtres grand-ouvertes
vole en mille morceaux
le piano mécanique de la morale
— il râle encore aux pieds du Tout-Pédant
qui se reboutonne en vitesse.
Aux cous nus des flacons giclent les carotides.
Les Grandes Compagnies ne sont pas montées.

Elles s'en vont à pied
vers le Carrefour des Mégardes
où l'on presse sur la gachette du diable.

AU PAYS DES VOLS

(Histoire toute naturelle)

Qu'il est joli le Pays des Vols
où les veaux ont une petite montre
pour voir l'heure des leçons de vol
sur les cadrans scolaires !
Mais que vaut l'heure ?
L'heure vole
& reste le cœur qui bat toujours trop fort.

Les fils de la Vierge volent
  dans les airs,
Ils ont pris de grands airs
des airs de sahara
des airs de danse & de romance
des airs volages & volatils.
  Ils les ont mis
dans un grand vol-au-vent de courants d'air
qui sera inculpé de recel
& ils s'embrouillent dans leurs volières —
L'été de la Saint-Martin
l'odeur des volées de cloches & et de bois verts
leur ont monté à la tête.

Les filles de la Vierge volent
  dans les magasins.
Sous la voltige des voiles oranges

elles ont pris une menthe à l'eau
avec une triste mentalité
un éclair au chocolat dans des cieux de porcelaine
& de la coco dans la gaze du magasin —
un coup de bambou dans le coquemart
un bout de braquemart dans le cocon
& une machine à épiler leurs vaisselles.
Dans la volupté des volets clos
elles ont volé de justes noces
sur des manches à ballets.

Les petites filles modèles ont volé
le fil à couper le cœur
& l'enlèvent par les violets buissonniers.
Galette en main & jupe au vent
elles filent nubiles & volubiles
vers le grand lit des viols —
elles couperont à la corvée du cœur
& sous les voilettes
la grosse queue lupine & velue
ventilera leur ventre d'un volcan de volubilis.

Habitants du Pays des Vols !
        Les fées sont là.
Il ne manque plus un bouton de rose
la poudre d'escamote est sèche —
Le poème de la nuit est à l'ordre du jour.

LA CHAINE DE MONSTRES

FRAPPEZ AUX PORTES!
S'il y avait encore des portes on les laisserait ouvertes.

Ils se suivent & se ressemblent
couverts de feuilles mortes
cimentées de purin séché
les yeux retournés
la langue serrée entre les dents.

Ils se sauvent & se rassurent
sexes de cadenas
poitrines de gravats
dans la vallée de Josaphat
pour la gnose des latrines & des gésines.

*   *

Le cœur bat encore
ses tapis aux balcons
sur l'obituaire du trottoir.
Aux frontières de la République Podagre
sordent les poteaux où l'on exécute les ordres.
Tous lieux y sont d'aisance
& toutes bottes de céleri
— *même pas de bottes de sept lieues!*
Des insectes sectaires
y fabriquent du mâchefer & des certificats en celluloïd.

La grande chaîne s'étale sur le ventre du monde
— depuis l'Autodidacte polaire
l'as de cœur atteint d'éléphantiasis
le sergent de Cro-Magnon qui pisse du pétrole
— jusqu'aux chasses d'eaux
pompes funèbres aux accents triomphaux
qui me niagarachent dans l'égoût des couleurs.

Tirez la chaîne. — *C'est l'Heure*
l'heure incessante de la monte des monstres
l'heure DERRIERE
où dans sa crispation puerpérale
l'interminable pizzicato de la virole anale
pousse l'émeraude de pourpre
venin de l'avenir.

* *

Mais l'horloge coupe les douze cous de la nuit
& dans le Musée incendié chantent le Marin & son fanal
L'Enchanteur fait paraître un Nouveau Monde
de trois secondes
où sonnent les beaux meurtres & les violences exquises
Le dernier monstre marin habite un pont de drap bleu-roi
— *Etait-ce moi ?*

* LE GRAND GEL

Dans un immense coup de fouet
le Grand Gel apparut.
De trop vifs désirs
font bruire les ronces sèches
& tous les givres s'énamourent
sur les écorces qui gercent —
en bande tous les chiens accourent
vers l'écluse du lac
immobile d'attente.

Le Grand Gel est venu
dans sa troïka velue.

Il claque des dents
& c'est la cadence
du psaume processionnal
chanté par l'hiver recueilli & désuet.
Les dents — les daims — les chiens
les gens — les givres — les Temps
sont constellés de tendresse
pour ses cristaux de Bohême
qui tintent au Vent du Nord.

Le Grand Gel est nu
jusqu'à la ceinture.

Les escargots ne sentent plus leurs cornes
les araignées ont les pattes gelées
de longtemps toutes les mouches sont mortes
& la chandelle tremble de froid.
Quel amour les réchauffera ?
« Tout ça casse » dit le Grand Gel
« Cassez — cassez pour mon grand feu ».

Le Grand Gel craque de toutes ses jointures
Le Grand Gel croque des marrons glacés
Le Grand Gel rit sous sa grande cape
                    empesée de frimas.

Au feu ! au feu ! la maison brûle
au bord d'une forêt à pelisse
« L'étang est pris » dit le garde-champêtre
« C'était donc lui » dit le maître d'école
Au feu ! au feu ! la grange brûle
avec le foin des amoureux.

Le Grand Gel a des glaçons dans ses souliers ferrés
Le Grand Gel a des garçons
fourrés dans tous les fourrés qui pincent
pour tuer les alouettes
& manger leur cœur plein d'amour.

Le Grand Gel lèche les glaces
de son carrosse, à bosses.
Le Grand Gel ratisse les cailloux collés
avec ses doigts de pied gelés.

Tous l'admirent & le craignent
car c'est un signe des Temps
qui perce le mystère comme un manteau trop mince.

Le Grand Gel est monté
sur son Grand Cheval de Verre
avec sa Grande Cinglure
passée dans sa Grande Ceinture.
Il enfle sa poitrine de bise
& ses côtés saillent comme un stupre.
Dans un chemin sec
où s'enlacent passionnément les givres
il inspecte les arbres féaux
qui font la haie de clôture —
« C'est la clôture de l'an & de l'âme
de l'amour & de l'appel au bois dormant »
disent les fées aux arbres en s'endormant
dans leur linceul de perce-neige.
Mais le Grand Gel hèle ses fidèles
candides comme l'optimisme —
il les saisit jusqu'aux mœlles
& les fourre dans son grand sac.
& hop ! le carrosse en bosses
traîné par des aquilons rayés !
& clac ! l'immense fouet de tramontane !
En avant vers les grands échecs !

L'HIVER DE LA MÉDAILLE

L'étoile d'été gît de l'autre côté du monde
dans les vapeurs & les candeurs des distilleries d'absolu.
Attention ! les cercles généralement bien enfermes annoncent
— Le Retour Eternel est définitivement suspendu.
Ce n'est pas une histoire de lyre.
Le froid sera désormais de rigueur.
Satan sera gelé dans sa simarre
& en métaphysique l'étron de l'Etre
cassera comme du verre.
Pour une arrière-pensée d'après-dîner
il faudra 36.000 hectolitres de gin
& le Grand Piston du Saint Esprit de vin.
Qui en reviendra tabou sinon
ces glorieux damnés de la coloniale
qui burent les sables & la mer ?
On leur donnera la médaille miraculeuse
& le premier prix de philosophie
enfin décerné à qui de droit.
Mais l'alcool spirituel sera vite éventé
& la dernière lampe à glu s'étranglera
pour la mort de l'obscène lumière
cette vérole dont l'Omnifoutant souilla l'univers.

LE BEAU VOYAGE

A l'auberge des aubergines
on s'aime à tout vent.
Héberge cette verve serpentine
berge des auvents.

Fauves encagés
de ces délicats lits-cages
qui rugissent
de leurs sommiers sommaires
— lions rougissants —
nous lions mieux que des faveurs
        avec des cœurs.

        Elite des lits !
        Délits d'amour !
Passagers clandestins
de la chaleur des lits
nous brûlons mainte étape d'étoupe.

Fondre en ces fondrières
où s'étendent ces tendres tourbières.
La malle court la poste

au désert du désir.
Le mâle qu'ourle la piste
des serres du désir

sur les élytres des lits
vole vole vole.
La cire des désirs fond
en larmes de chandelle.
La Circé des dés pipés
décide les desserts des Cid.

Sourire de ces fous-rires
ourdis
par les fourmis des jambes
lourdes des sentiers d'amour.
Faire feu des quatre fers
vers le relai du bon enfer
dans les délicieux délits
          des lits.

MAMMOUTH

à Jean Montmort

C'était le vent — le vent levant les tuiles & les chemises
& les furies accourues des sauvages océans
les gorilles délaissant les pierres des tavernes.
& les mamouths sursautant du sommeil des cavernes.

L'aérostat dormait au sein des stratosphères.
pendant que les aéronautes vérifiaient leurs hélices
offrant au sel des conserves en sacrifice.
Dans les Observatoires les meilleurs astronomes
inventaient des ascenseurs pour s'élever dans les planètes.

Pour l'amour de la science élevant sa pensée
le gorille se soumet à l'électricité.
Insensible aux épines de la forêt barbare
un nègre nu desserre la mâchoire des homards.
La nuit est sur sa peau — l'enfer est dans sa bouche.
Les vierges hypnoptisées par les satyres en couche
en chemise de nuit ravalaient leurs vapeurs.
& c'était l'addition — la fin du septième jour
débouchant les vagins des jeunes accouchées.

Je vois l'urne sans phrase épancher ses cheveux
& les naseaux des mouches chatouillés par les bœufs
la bonne borgne — le bol des mendiants à obole
leurs yeux de casse-tête & leurs cailloux de dents

& l'eau grasse des mares au gros lot de canards
ramassant les sueurs des mâles & des filles les fards.

Je vois les affreux fruits sur les trottoirs souillés
de crapauds blancs aux salives remouillées
& les donneurs de sang & les donneurs de sperme
& les épouvantails cloués devant les fermes
négatif des fantômes & sucettes des vers.
Ombilic d'éléphant au miroir de l'hiver
Livre saint déchiffré par les pieux mânâdas
éternelle érection dans les bras de Bouddha.

Les mammouths invisibles planent sur les glaciers
sur les lacets qui étranglent le Thibet d'acier.
Leur trompe trempe dans l'éternité neigeuse
où Vichnou sourit à son verre d'eau gazeuse.
Défi de leur mamelle à la manie des Mânes

Les mammouths maternels font mammer leur marmaille
aux flancs spiritueux de leurs grottes d'azur
& tendres leur polissent de vertueux fémurs.

Sur le dos des mammouths dorment des cathédrales
vastes gares sans train & ventres sans entrailles.
Un blanc éclat de rire aux voûtes de cristal
aplatit sur leurs chaises les gardiens des musées.

* LE SUCRE DU PRINTEMPS

Le printemps séreux
& ses roses sérieuses
— mais y eut-il des roses
aux magasins du Printemps ? —

la série des seringats
& la seringue des sourires

la glu de tous ces fœtus
le resserrement des serments
& la sérénité des serins

la séquence des lys
& la séquanelle de leurs pénis asiniens

les pommiers en flueurs
les sommiers en fureur

& l'antique serpent que fait lever
Hêve sur son chemin

les muguets les campanules
tout ça cloche.

Le décor est trop vieux
& trop vieille est la farce.

Glycines et cytises passent encore
avec les passiflores
& même les passades.

Mais les cloportes jouent aux âmes
les ruisseaux spiritent
les cochers cogitent
les saprophytes affroditent
& les colombes merditent
sur le retour de l'âge.

Les endocrines de ce printemps emprunté
secrètent trop de psychologie.

●

IL FAUT QU'UNE PUTE

SOIT OFFERTE OU ARMÉE

Le Chef de Gare précieux rêve sur la carte du Dur
Mais dites-moi ô peintres aquarelle les vieilles filles
& pourquoi donc Schubert au saut du lied appelle
la blonde gangsterwoman & la rose crémière ?

CLAIR DE LUNE

Le glaive de lune
perce les hallalis des nerfs
que bercent les lilas de Perse.

Quand l'air des orées
verse des vins divins
aux verres de lune
l'averse d'avril fume
dans les lilas en pleurs.

Quand le vent des rosées
aux puanteurs vernales
hume
mainte glaire de lune
aux latrines des lilas —

nous berçons les cerfs percés
dans les chasses d'eau
du grand marais sauvage
& nous nous empiergeons
dans les palétuviers.

La clé de lune
ouvre les forêts sans portes
aux égarés des odeurs

que l'heure de lune
chasse vers l'autre.

& se lève la herse des dents
pour les Amants
rêvant au Château ardent
sous les las lilas qu'allume
le pur tranchant du glaive de lune.

●

L'AVEUGLE

Sous la tonnelle d'un bordel de banlieue
où les filles ramassent des sous avec des chats
un aveugle accordéoniste remplace le piano mécanique.
Ah ! plus tendre est l'amante à l'air d'une java
& meilleure est la menthe aux lèvres des sans-dieu !
Des sons de sous — dessous les tables maléfiques —
l'étable est un bordel où les mâles effraient les filles
le patron est le bœuf & le client est l'âne
notre guide l'étoile enlève nos béquilles.
Où est l'*ainsi-soit-il* si l'aveugle est notre âme ?

LE LANGAGE DES FLEURS

L'opossum pince-sans-rire
a fait inscrire sur la grande pelouse du Parc Montsouris
en lettres de myosotis
— *Opossum nihil a me etc...*
Et les petits enfants viennent pisser sur les phlox
& les fleurs carnivores happent happent happent en douce
       [les sexes de treize ans.

Claquez
claquez au vent municipal drapeaux
drapeaux en peaux de saucisson
oriflammes plantées en haut des tours de Chirico
car voici que les grosses gouttes de joie commencent à
    [s'étaler sous la porte de ma chambre de bonne
voici qu'elles glissent les chéries comme de beaux crachats
        [vivants
pendant que peu à peu essaient de s'accorder
les pizzicati de l'attente aux mouvements browniens du cœur.

Il y a des arcs-en-ciel un peu partout sauf dans le ciel
— sous le ciel
le ciel grouillant d'étoiles de mer
le ciel tapissé d'immenses décalcomanies obscènes
à travers la campagne des malheurs de Sophie
la campagne bombardée de boules puantes au muguet
sous le ciel passé au bleu de Mithylène
Archimède chasse les tourterelles avec une carabine
       [Euréka —
& la confiture de ciel se tartine sur le monde

le monde que vous regardez à travers vos porte-plumes en os
salauds !
le monde par où vont les écolières têtues aux cuisses tachées
                    [d'encre violette sous le tablier noir
sous le tablier de fermière du ciel
du ciel con
où le vieux self-made-man fait la grasse éternité.

Les éphémères font l'amour avec les fleurs aphrodisiaques
— la ponction crée l'orgasme —-
avec les fleurs en baudruche — avec les fleurs en cellofemme
                    [vendues aux enchères.

Vos gueules — salauds !
Les pervenches perverses s'excitent
sur le viol des violettes & le glas des glaïeuls
les digitales laissent leurs empreintes sur tous les cœurs
— à tous les cœurs on gagne.
Vos gueules — salauds !
L'opossum couvre de son regard électrique
l'œillade des œillets pris en flagrant des lys
& les jacinthes enceintes — ô fils de la Vierge.
DEFENSE DE MARTYRISER
les giroflées giflées — les petites clochettes bleues — la
                    [verveine des crocus
& les grands soleils noirs détraqueurs de clepsydres.

O ciel — ciel de bain turc — regarde
alors qu'ils regagnent leurs garages de raison les longs cor-
                    [billards en fleur d'oranger
Voilà que déferle par le monde la folle ruée des cyniques
                    [en feu de poisson.

L'OISEAU DU MALHEUR

à Jean Vigo

Sur les tas de cailloux
sur les gargotes de Calypso
sur les châteaux d'eau
sur les chemins de fer
sur la corde des mondes

se pose l'Oiseau du malheur.

Il compte les arbres à gui
qui passent la rivière à gué
la peuplade des peupliers
la chaîne des chênes
l'assaut des saules

un arbre, deux arbres, dix arbres, mille arbres.

Surpris de la surproduction aqueuse
que jute l'ontologie pornographique
le soleil est débordé
par la fabrication en féérie
des rayons de la Bibliothèque universelle

les putains du bordel des arbres font l'école aux primevères.

Un colosse à revolver freudien
passe indifférent

lèvres épaisses fesses légères
le long des charmes rompus
près de la voie ferrée
sur le billard des prés

le corbillard des cieux dodeline au-dessus de la tranchée.

Les hameaux atterrés
les haies déchues
les brouettes du néant
les potirons germés sur les gadoues
implorent sait-on quelle pollution divine

& quand l'Oiseau chante
le revolver décharge tout seul.

Au   Jour   la   Nuit

●

L'HISTOIRE DU MONDE
(projet de sous-verre)

L'Histoire du monde —
Un vieux Monsieur qui vend des frites
sur une terrasse de building —
Un hottentot mauve qui
entasse sa mère dépecée dans un saloir de terre cuite —
Un aveugle crevant de chaleur
suppliant à genoux un orgue de Barbarie emballé
de cesser sa rengaine,
qui propage d'atroces épidémies de lèpre.

De temps en temps le hottentot éclate de rire
Alors il pleut.

LA SALADE

Les enfants rouges se dévouent à l'encensoir —
balancement des ours & des trompes d'éléphant —
nous sommes encagés dans la merde & le sang
derrière les toiles peintes des baraques de foire.

Un nègre est amputé vivant par un crocodile —
la tribu au bord de la rivière essaie ses sagaies.
Oubliant le mal pour des cantiques gais
nous rêvons mal à propos des îles à palmes
paradis où Dieu assoupit nos âmes.

Sous les enfants nus montent des salades
& sous les dessous la douce chaleur du cœur.
Nobles ducs blindés regardent belles dames
flattées que le fer soit de mâle ardeur.

Mais le potager envahit la cuisine
les paniers la table les chaises & la servante.
Elle s'empresse de le secouer entre ses cuisses fines —
l'enferme dans la cage & lui serre le ventre.

LE CAMÉLÉON ROUGE

*...sauf la couleur rouge, qui sans lui être interdite
par un décret de la Nature, lui est néanmoins mortelle,
& les Barbaresques l'ont de longtemps observé qui
placent sur leurs tarbouches de pourpre ceux dont ils
veulent se défaire.*
BUFFON, Cinq minutes d'arrêt, XI.

Le caméléon devint rouge & mourut.
Le regard de Landru
l'eût tué moins sûrement
moins brutalement

. . . .

Je vous...
Il faut...
Il faut...
Rendez-vous.
Le procès est ouvert —
Il y a 2.000.000.000 de témoins à décharge
mais l'accusé
A DEMANDE LA PEINE CAPITALE.
Levez le cœur droit & dites « Je mords ».
Néron peint en femme nue
se repent de ses fautes & urine avec tact
aux pieds de la GRANDE CONCIERGE
qui tire un coup de revolver sur l'*Angelus.*

*Il y a huis clos
avec une colonie de vacances dans chacun d'eux*

La corruption de fonctionnaires

fait sourire de pitié l'enfant tueur
aux six ans interdits de séjour.
Je répète que le caméléon en mourut.

LE CIERGE

La démone allume un incendie réussi
que ne pouvaient éteindre les pompes.
Au dernier étage la flamme était dans la tête
mais le damné n'osait descendre par la fenêtre
car il tenait contre son cœur l'urne de ses cendres.

C'est pour elle & pour lui que les fidèles eunuques
ont allumé les cierges dans les pals —
les cierges impassibles & pâles.

Les yeux des courtisanes brûlent des larmes de cire
que hume l'indifférence de leur gentil Sire.
La démone & le damné ne peuvent se marier
au son des cloches devant leurs proches
& les flammes des cierges célibataires.

PAR VICE

Un vide immense — Centre de mondes —
aspire-t-il au milieu de lui
ces sexes érigés vers un ciel spermatique ?
Votre Dame de pari mutuel
dame le pion aux mâles occultes.
Parions pour le rire éclairé
des becs de gaz sans gazon.

●

OUVRIR LES YEUX

Ecrire quand on n'y voit plus
manger du pain chaud
appeler un ami du bout de la rue
sortir du cinéma à midi
être surpris au bord de la mer par une éclipse
recueillir la pluie

sur d'immenses feuilles de buvard rose
allumer des feux le long des routes
& surtout
oublier ses lettres
oublier son nom
oublier comme on sourit en pensant à autre chose.

●

MAMAN LES P'TITS BATEAUX

Petits enfants charmeurs
aux yeux blonds
aux cheveux bleus
ne giflez pas trop les aveugles
n'écrasez pas les culs-de-jatte en jouant au cerceau
& si papa
n'a plus de front
plus de menton
plus de lèvres
& fait des bruits ridicules en essayant de parler
Remettez-le
bien sagement
dans son armoire des dimanches
en attendant la voirie de la nuit tombante.

Les Beaux Dimanches

Vade retro ma non troppo

La chimie des joues d'enfants
fait tressaillir les jeunes corps nus dans les vieilles cornues
En joue les éléphants d'enfer
les abats-jours d'antan
les enjeux défunts !
Rien ne va plus — les œufs sont frais.

Taisez-vous — docteur de Luna Park — taisez-vous &
          [laissez macérer
les fraises & les framboises dans les bons vins que nous
          [avons bus.
Attention ATTENTION on vous prévient
— Prenez Notre Dame de la Garde à la ceinture
Chaque mot est un schibboleth braqué au cœur de l'amour.
Un mot de vous
un mou de veau
& voilà la cuisine merveilleuse qui se déclenche —
un coktail au sperme de curé
un baiser d'ange avec des échalotes
un pot-au-feu-aux-roses
des yeux à la neige
& le punch au kummel dans le Manekenpiss en diamant.

Taisez-vous — docteur de marché aux puces
docteur de petites annonces
docteur de pissotières éclairées au néon

41

docteur écraseur d'hommes-étrons.
Laissez fleurir les tatouages pourpres sur les culs tannés.
Laissez geindre les accordéons en peau de ventre
& séparer le bon grain mal grain de l'ivraie à domicile.

Casquette sur l'oreille le démon siffle un diabolo-menthe
pendant que   [sur le zinc
comme une Image
d'Epinal
sage
le Souverain Poncif pelote rêveusement ses grosses couilles
                                                [de Tolède

HOMMAGE A LITTRÉ

Tel un sexe en érection dans une bouteille
tel un voyeur faisant des projets d'avenir
telle une rose noire pelotée par un fou
tel un dentier d'or
éclatant de rire sur une table de nuit
l'AMOUR.

LE CATOBLEPAS

Les convives festoyaient aux nappes des autels
sans pouvoir déchiffrer les lettres incandescentes
Une femme déchirait ses seins impénitents
Un prêtre secouait les piliers de l'Eglise :
— Que la charrue purifie les champs excommuniés
Que les verges châtient les épaules privées d'auréoles.—
Les danseurs du bal des petits lits blancs
moururent carbonisés devant les autels
et trois évêques en aube sacramentelle
renversèrent à huis-clos les chandeliers éteints.

Alors le catoblépas resta seul
devant les beefsteacks gorgés de sang.
Et fouillant les narines des cadavres mondains
de ses vieilles dents gâtées par le sucre candi
il en tirait des boutures de géranium
et des poires vaginales en celluloïd.

Les amants renièrent l'amour ensemencé
les heures fraternelles aux plus fiers monuments.
Ophélie a jeté ses bras au cou du fleuve :
— Laissez passer le fil de l'eau assermenté ! —
En bottes de sept lieues les ogres illettrés
font ronfler des moteurs à cerveau d'écureuil.

LE CHEVAL INDELEBILE

(fragment)

Le cheval indélébile
par bravade autant que pour cacher une maladie secrète
se met de la gomina couleur sang de mouche
pendant que je me coupe les ongles dans un vieux journal.
Un délai Bill. Un délai Bill. Un délai Bill.
Sans ça je lâche le cheval dans la chambre à coucher.
Il va encore appeler le garde des sceaux au téléphone
pour lui reprocher la bigoterie de sa boîte à cigares.
Il va encore sans motif plausible
bombarder de caramels la clef du poêle.
Il va encore faire son tour de chant avec l'accent belge —
couler ses empreintes digitales en plomb
— Cernez les yeux ! —
& vexer l'ampoule électrique de 100 watts
en la traitant de putain (ce qui n'est pas vrai).
& finalement pour
poser des fermetures-éclair aux presses-papier prêtés sur gages
le cheval indélébile
ôte ses lunettes vertes
en prenant soin de ne pas faire de crottin
& gravement
il charge un revolver six coups calibre 9 millimètres.

EN CHEMIN D'ENFER

Durante le fermate nelle stazioni
e vietato servirsi della ritirata.
DANTE, D. C., Inferno, III, 66.

Le dieu de ce soir était noir —
non pas nègre — son âme l'était peut-être
s'il en avait une — mais noir
& chacun sait que le noir
est une couleur purement morale.

Deux compagnons s'étaient armés
pour un de ces voyages lointains
qui finisse t très mal

Le long du canal charbonnier
on devinait les Palmes Idumées
& dans les soufflets de l'express
s'éclipsaient des nègres à plumes.

Amer Janvier avait un sac bourré
d'imprudences prévues
de méchancetés & de froideurs.
Deux ou trois arcs-en-ciel de rechange complétaient
la cargaison des deux exclus.

Dans les wagons et les couloirs
flottait une odeur de vent noir.

On entendait la putain des W.-C.
se faire grossièrement ramoner la culasse
par de hardis artilleurs
dont les houseaux craquaient avec fureur.
Il y eut même un anthropophage
qui fit une courte apparition au wagon-restaurant
nul ne le remarqua
quoique les dames sussent
les bons morceaux.

On aperçut un dos nu
et des fesses menues & nerveuses
sur des cuisses trop impérieuses
Le Grand Schimpanzé des premières
se masturba devant les demoiselles altières
& visiblement intéressées.

Le gel avait glacé les glaces
mais le train n'arrivait pas
— Quelques voyageurs malgré les montres pickpocketées
commencèrent à s'interroger du nez.

Cette steppe de Floride était engivrée.
Des reptiles par la chaleur enivrés
s'infiltraient subrepticement
dans les compartiments.

— Deux poignards luisirent
on ne sut où.

« Ce train à du retard
— émit Monsieur Prud'art —
Voilà bien cent quarts d'heure
qu'il devrait être à Lheure » .

Les palmiers étaient décidément gelés
les fesses des nègres bleuissaient
& les autruches faisaient le pied de grue.
Les agents de la secrète défirent
leurs souliers inquiets de voir certains visages.

« C'est inouï — on devrait être à Quay
— vitupéra Monsieur Hacket-Eckhart —
depuis déjà trente heures & quart ! »

C'étaient les dunes & le désert
& puis les lunes & la mer —
Des poulpes borgnes palpaient verdeusement
les joints des soufflets gémissants
des flots gris clapotaient
des icebergs se hissaient
& ciel ni terre n'étaient plus visibles.

Or — précisément quand Monsieur Harangue obscéna :
« Mais enfin — c'est un peu fort — je le demande —
Quand-al-lons-nous-ar-ri-ver ? »
C'est alors que tout commença.

Amer Janvier cria
— Jamais!

Qu'est-ce que c'est ? — La Compagnie
n'assure-t-elle plus
le salut éternel des voyageurs ?
& l'habeas corpus alors ?

Mais ils n'eurent pas le temps de se retourner
que le massacre commençait
On débuta presque proprement
par quelques beaux éventrements
— notamment pour les femmes enceintes —
puis ce furent les décervelages
les écorchages et les énuclements.
Les voyageurs testiculaient
cherchant sortie à leur sottise
par la portière ils se jetaient
dans un paysage qui n'était
plus qu'un vide
car le train ne devait plus arriver
& tout le monde le sentait.
Il prenait de la vitesse
On se tuait par politesse
puis pour se rendre service
puis par jalousie
par vice
par furie.

Aux gardes-fous de la locomotive
le mécanicien du délire
avait accroché le *Pavillon Noir*.

Le train donnait de la bande
On passait le neuf cents à l'heure
Il fallait inventer la lande
& les rails — au fur & à mesure de la fuite.

Pour Amer Janvier & pour Mar Tilpin le train lui-même
n'existait plus qu'à peine
si peu qu'on pouvait n'en plus parler
tant la vitesse était grande.

Goîtres & loivres — parétrons & sambuques
pullulaient — puaient dans tous les coins
& s'accouplaient sans répugnance
avec les bouches des mourants —
On marchait dans une glu
d'immondice innommable
& le train ne pouvait s'arrêter
— Amer & Tilpin le savaient

*Car ils gagnaient une île
qu'on ne trouve jamais.*

TROP DE ZELE

Dans la rue où mille fenêtres épient
on marche sur les oiseaux tués par l'artillerie de campagne.
Le sifflet des trains
ne tire plus les papillons de leur cachette.
Il n'y a plus de chants du coq
entre les pages des livres
entre les lèvres des pages.
On a interdit
le marché aux puces — & d'ailleurs il n'y a plus de puces —
le commerce des billes d'agathe
des yeux de verre
& du pain fabriqué clandestinement avec de la farine de rose
Au feu les alphabets
à l'eau les téléphones
à l'air les femmes cachées derrière les monuments aux morts !
Voici le scandale de la nuit.

LE PAMPRE

à Michael Crista

O dieu Pan épanche tes détresses
sur mes épaules équarries à se porter.
Ce soir au cinéma nous aimerons les foules
des travailleurs aux mains crevassées
& les puces nous aimeront —
la nuit pluvieuse se laissera oublier —
l'ennui restera sur le banc que nous avons quitté.

O dieu Pan tu es ce vieux mendiant
déconcerté d'avoir perdu sa ceinture —
drapeau rouge des chefs de gare
& des chantiers du Premier Mai
humilié par les grilles des casernes.

& je suis ce Pan.
C'est moi que je dénonce —
Pan est Pan — & pan dans l'œil
& aussi plein de plomb dans l'aile.

Chaque soir faites votre examen de conscience
dit le curé au confessionnal —
mais Dieu est anticlérical
mais Dieu est-il & où est-il ?

Le cran d'arrêt rouillé du revolver —
les soins aux noyés —
l'*ainsi soit-il ?*...
Le soir on ferme.
La ville est un musée d'anesthésie.
Les derniers sacrements empêchent de souffrir.

Je suis le Dieu sans pampre derrière mes volets
le Dieu follet de l'électrique atrocité
le Dieu qu'amusent les Muses médusées
le Dieu mitologique —
le Dieu Pan ?
Je suis ? Je suis celui que j'attends.

LA VIE MODERNE

La rue avec ses baptêmes clandestins & ses courtiers en réséda
coupe en biais la salle à manger aux fleurs sous-marines
culbute une poubelle sur la desserte & fait guili-guili au grand-
[papa
qui frappe à grands coups de poing son cœur en ouate ther-
[mogène.

SANS LAISSER D'ADRESSE

Une cascade au-dessus de la ville
des lettres urgentes sans adresses
les amis qui fuient à travers la campagne
les mains levées
les yeux vers la mer
les belles taches d'encre obtenues par pliage
le disent cette fois très nettement
merde
ou
fous le camp
ou encore
pars avec le vent.
Salut petits enfants
ne manquez pas
le rendez-vous avec la fin du monde.

FIN

TABLE